Impressum
Verlag: BABADADA GmbH, Nedderfeld 112 , 22529 Hamburg
Geschäftsführer / Verlagsleitung: Harald Hof
Druck: Books on Demand GmbH, In de Tarpen 42, 22848 Norderstedt

Imprint
Publisher: BABADADA GmbH, Nedderfeld 112 , 22529 Hamburg, Germany
Managing Director / Publishing direction: Harald Hof
Print: Books on Demand GmbH, In de Tarpen 42, 22848 Norderstedt, Germany

la escuela
škola

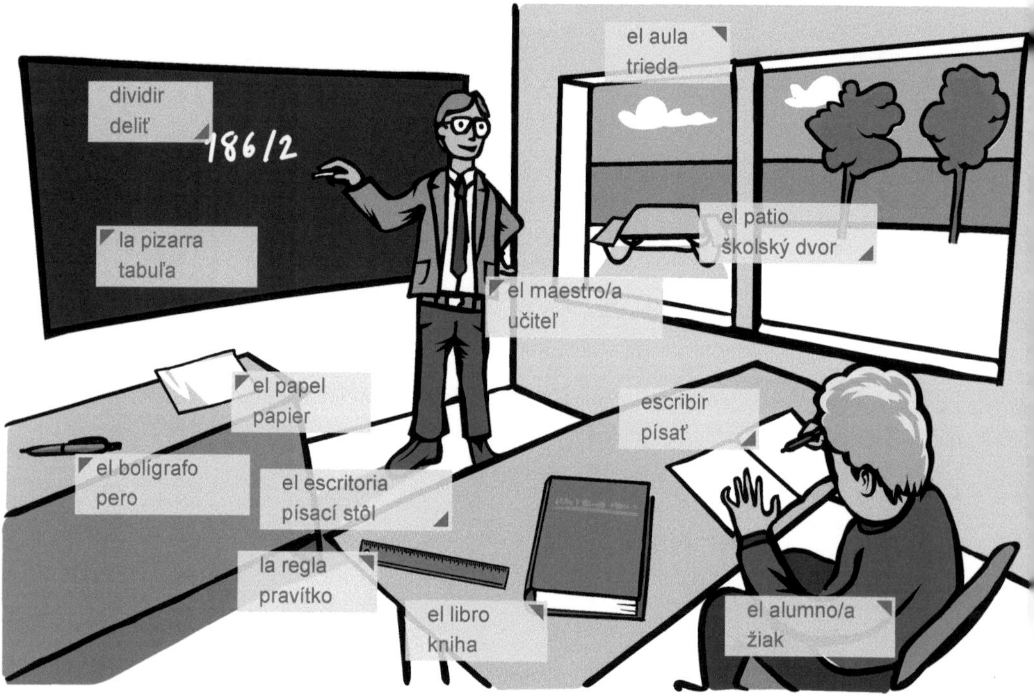

el aula
trieda
dividir
deliť
186/2
la pizarra
tabuľa
el patio
školský dvor
el maestro/a
učiteľ
el papel
papier
escribir
písať
el bolígrafo
pero
el escritoria
písací stôl
la regla
pravítko
el libro
kniha
el alumno/a
žiak

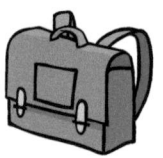

la cartera

školská taška

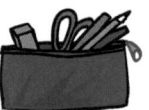

la caja de lápices

peračník

el lápiz

ceruza

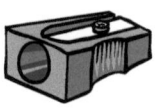

el sacapuntas

strúhadlo na ceruzky

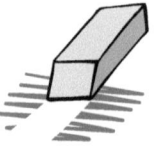

la goma de borrar

guma

el cuaderno de dibujo

skicár

el dibujo

kresba

el pincel

štetec

la caja de pinturas

vodové farby

las tijeras

nožnice

el pegamento

lepidlo

el cuaderno de ejercicios

cvičný zošit

los deberes

domáca úloha

el número

číslo

2+2

sumar

sčítať

restar

odčítať

multiplicar

násobiť

calcular

počítať

A

la letra

písmeno

ABCDEFG HIJKLMN OPQRSTU VWXYZ

el alfabeto

abeceda

la palabra

slovo

el texto

text

leer

čítať

la tiza

krieda

la lección

hodina

el cuaderno de notas

triedna kniha

el examen

skúška

el certificado

certifikát

el uniforme

školská uniforma

la educación

vzdelanie

la enciclopedia

encyklopédia

la universidad

univerzita

el microscopio

mikroskop

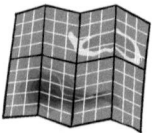

el mapa

mapa

la papelera

kôš na papier

el hotel
hotel

el albergue
nocľaháreň

ROOMS

oficina de cambio de divisas
nenáreň

EXCHANGE

la maleta
kufor

el coche
auto

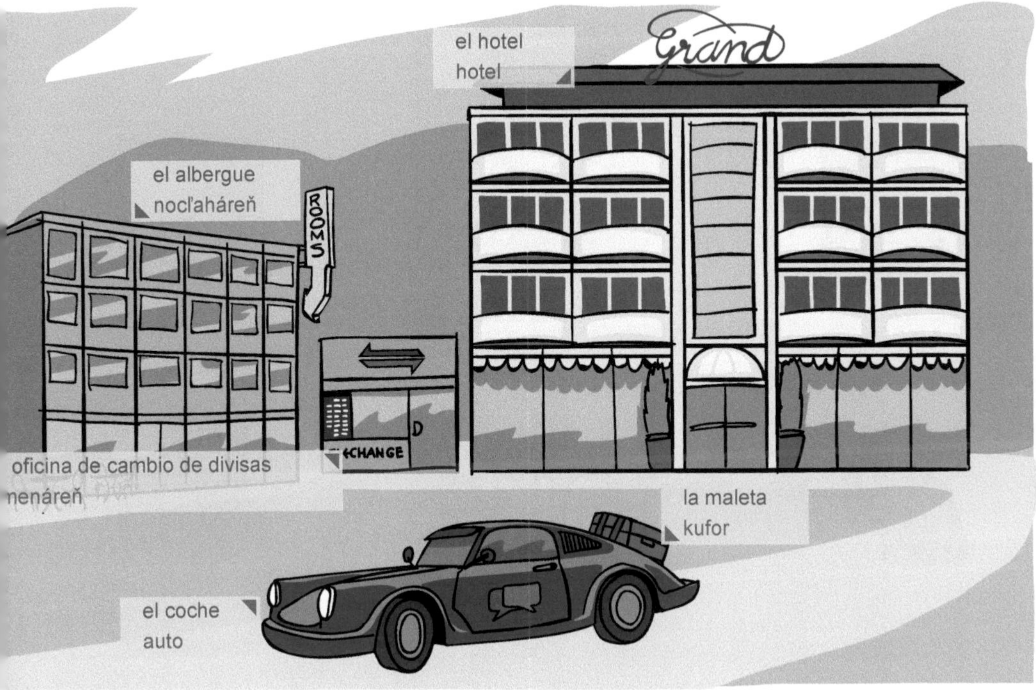

el idioma

jazyk

sí / no

áno/nie

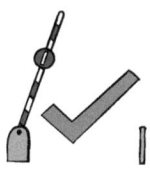

Vale

v poriadku

hola

ahoj

el traductor

prekladateľ

Gracias

ďakujem

¿cuánto es...?

Koľko stojí ... ?

No entiendo

Nerozumiem

el problema

problém

¡Buenas tardes!

Dobrý večer!

¡Buenos días!

Dobré ráno!

¡Buenas noches!

Dobrú noc!

adiós

Dovidenia

la dirección

smer

el equipaje

batožina

la bolsa

taška

la mochila

batoh

el invitado

hosť

la habitación

izba

el saco de dormir

spacák

la tienda de campaña

stan

la información turística

informácie pre turistov

la playa

pláž

la tarjeta de crédito

kreditná karta

el desayuno

raňajky

el almuerzo

obed

la cena

večera

el billete

cestovný lístok

el ascensor

výťah

el sello

poštová známka

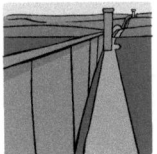

la frontera

hranica

la aduana

clo

la embajada

veľvyslanectvo

la visa

vízum

el pasaporte

cestovný pas

el viaje - cesta

el transporte
doprava

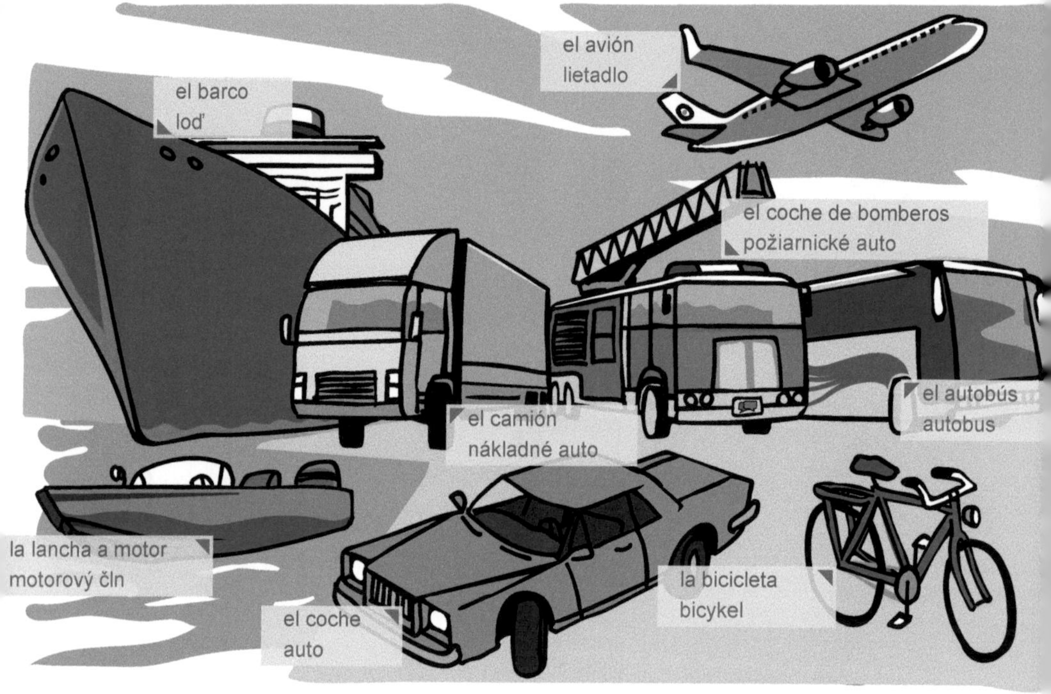

el avión
lietadlo

el barco
loď

el coche de bomberos
požiarnické auto

el camión
nákladné auto

el autobús
autobus

la lancha a motor
motorový čln

el coche
auto

la bicicleta
bicykel

el transbordador

trajekt

la barca

loď

la moto

motorka

el coche de policía

policajné auto

el coche de carreras

pretekárske auto

el coche de alquiler

vozidlo z požičovne

el préstamo de vehículos

carsharing

la grúa

odťahové auto

el camión de la basura

smetiarske auto

el motor

motor

la gasolina

benzín

la gasolinera

čerpacia stanica

la señal de tráfico

dopravná značka

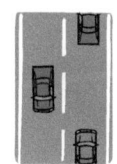

el tráfico

premávka

el atasco

zápcha

el aparcamiento

parkovisko

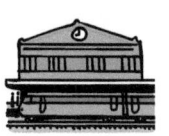

la estación de tren

vlaková stanica

las vías

trate

el tren

vlak

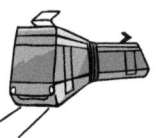

el tranvía

električka

el vagón

vagón

el helicóptero

helikoptéra

el aeropuerto

letisko

la torre

veža

el pasajero

pasažier

el contenedor

kontajner

la caja de cartón

kartón

la carretilla

vozík

la cesta

kôš

despegar / aterrizar

štartovať / pristáť

la ciudad

mesto

el pueblo

dedina

el centro de la ciudad

centrum mesta

la casa

dom

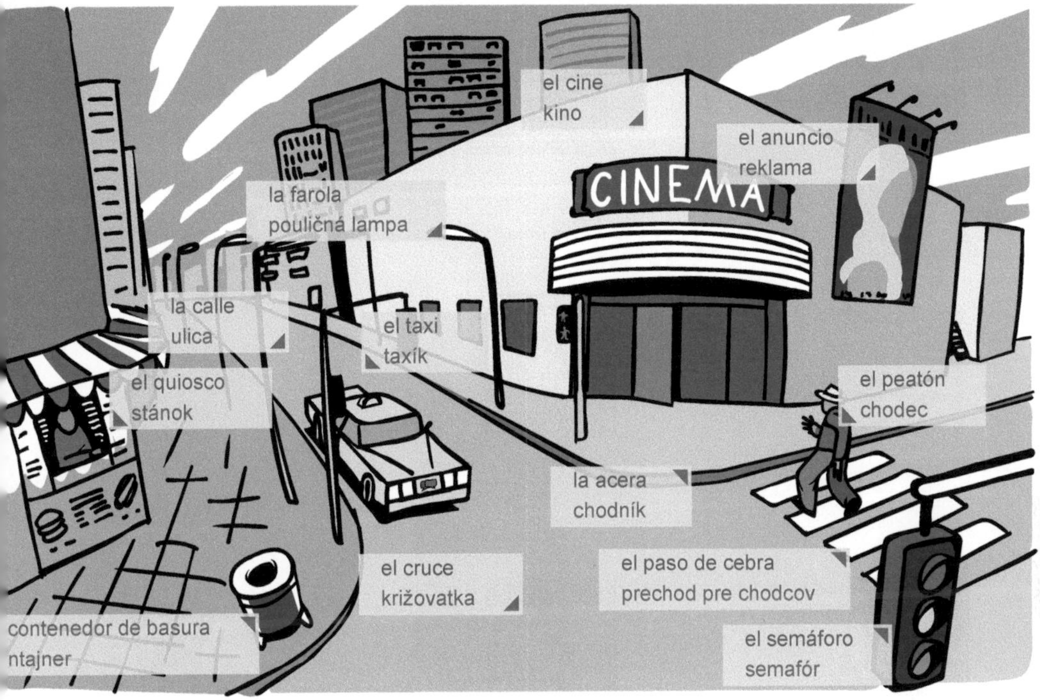

el cine
kino

el anuncio
reklama

la farola
pouličná lampa

la calle
ulica

el taxi
taxík

el quiosco
stánok

el peatón
chodec

la acera
chodník

el cruce
križovatka

el paso de cebra
prechod pre chodcov

contenedor de basura
ntajner

el semáforo
semafór

la cabaña
chata

el apartamento
byt

la estación de tren
vlaková stanica

el ayuntamiento
radnica

el museo
múzeum

la escuela
škola

la ciudad - mesto

la universidad

univerzita

el banco

banka

el hospital

nemocnica

el hotel

hotel

la farmacia

lekáreň

la oficina

kancelária

la librería

kníhkupectvo

la tienda de campaña

obchod

la floristería

kvetinárstvo

el supermercado

supermarket

el mercado

trh

los grandes almacenes

obchodný dom

la pescadería

obchodník s rybami

el centro comercial

nákupné stredisko

el puerto

prístav

el parque
park

el banco
lavička

el puente
most

las escaleras
schody

el metro
metro

el túnel
tunel

la parada de autobús
autobusová zastávka

el bar
bar

el restaurante
reštaurácia

el buzón
poštová schránka

el poste indicador
tabuľa s názvom ulice

el parquímetro
parkovacie hodiny

el zoo
ZOO

la piscina
plaváreň

la mezquita
mešita

la granja

farma

la contaminación

znečisťovanie životného prostredia

el cementerio

cintorín

la iglesia

kostol

el patio de juego

ihrisko

el templo

chrám

el paisaje

terén

la hoja
list

la señal
smerová tabuľa

el camino
cesta

el prado
lúka

la piedra
kameň

el excursionista
turista

el árbol
strom

el río
rieka

la hierba
tráva

la flor
kvet

el valle
dolina

la colina
kopec

el lago
jazero

el bosque
les

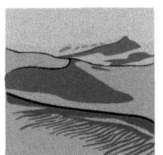

el desierto
púšť

el volcán
vulkán

el castillo
zámok

el arcoíris
dúha

el champiñón
hríb

la palmera
palma

el mosquito
komár

la mosca
mucha

la hormiga
mravec

la abeja
včela

la araña
pavúk

el escarabajo

chrobák

la rana

žaba

la ardilla

veverička

el erizo

jež

la liebre

zajac

la lechuza

sova

el pájaro

vták

el cisne

labuť

el jabalí

diviak

el ciervo

jeleň

el alce

los

la presa

hrádza

la turbina eólica

veterná turbína

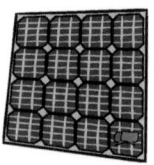

el panel solar

solárny panel

el clima

podnebie

el restaurante
reštaurácia

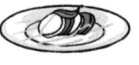

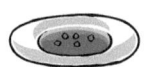

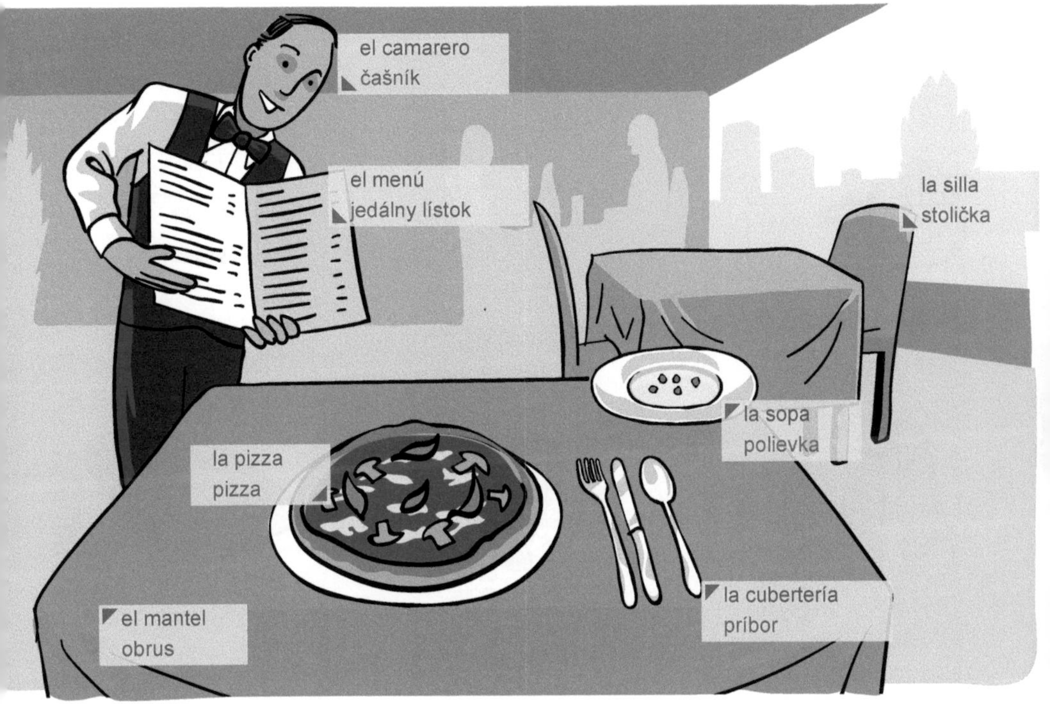
el camarero
čašník
el menú
jedálny lístok
la silla
stolička
la sopa
polievka
la pizza
pizza
la cubertería
príbor
el mantel
obrus

el primer plato

predjedlo

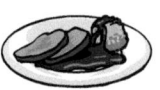

el plato principal

hlavné jedlo

el postre

zákusok

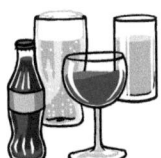

las bebidas

nápoje

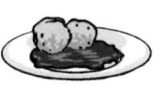

la comida

jedlo

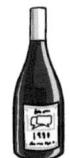

la botella

fľaša

la comida rápida

fast-food

la comida callejera

street food

la tetera

kanvica na čaj

el azucarero

cukornička

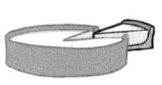

la porción

porcia

la cafetera expreso

stroj na espresso

la trona

detská stolička

la cuenta

účet

la bandeja

podnos

el cuchillo

nôž

el tenedor

vidlička

la cuchara

lyžica

la cucharilla

čajová lyžička

la servilleta

obrúsok

el vaso

pohár

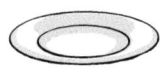

el plato

tanier

el plato hondo

hlboký tanier

el platillo

podšálka

la salsa

omáčka

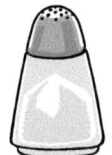

el salero

soľnička

el molinillo de pimienta

mlynček na korenie

el vinagre

ocot

el aceite

olej

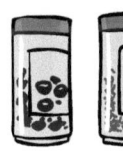

las especias

korenie

el ketchup

kečup

la mostaza

horčica

la mayonesa

majonéza

el supermercado
supermarket

la oferta especial
špeciálna ponuka
FOR
el cliente
klient
los lácteos
mliečne výrobky
la fruta
ovocie
el carro de compra
nákupný vozík

BUTCHERS

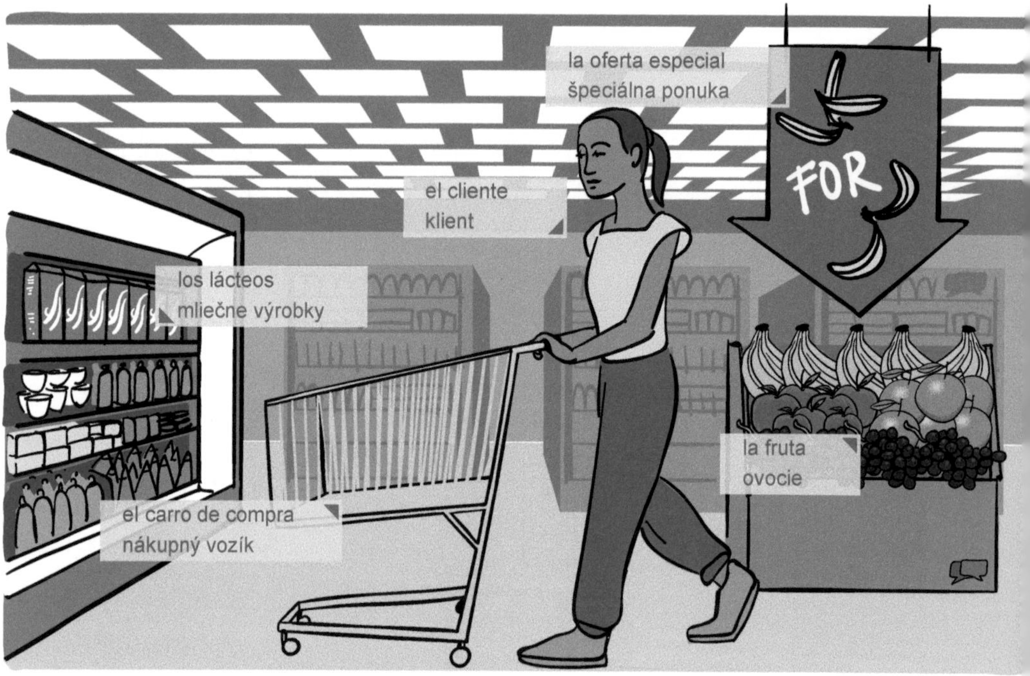

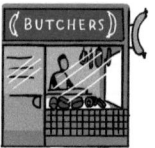

la carniceria

mäsiarstvo

BAKERY

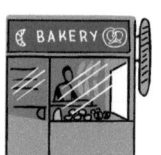

la panadería

pekáreň

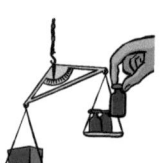

pesar

vážiť

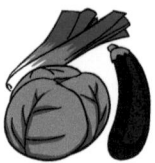

las verduras

zelenina

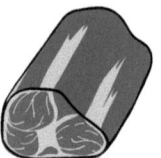

la carne

mäso

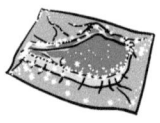

los alimentos congelados

mrazené potraviny

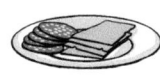

los fiambres
nárez

las conservas
konzervy

el detergente en polvo
prací prostriedok

los dulces
sladkosti

productos de uso doméstico
domáce potreby

productos de limpieza
čistiace prostriedky

la vendedora
predavačka

la caja de cartón
pokladňa

el cajero
pokladník

la lista de la compra
nákupný zoznam

el horario de atención al
público
otváracie hodiny

la cartera
peňaženka

la tarjeta de crédito
kreditná karta

la bolsa de plástico
taška

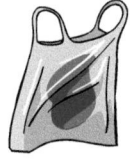

la bolsa de plástico
plastové vrecko

el agua

voda

el zumo

džús

la leche

mlieko

la cola

kola

el vino

víno

la cerveza

pivo

el alcohol

alkohol

el cacao

kakao

el té

čaj

el café

káva

el expreso

espresso

el capuchino

kapučíno

el plátano

banán

la manzana

jablko

la naranja

pomaranč

el melón

melón

el limón

citrón

la zanahoria

mrkva

el ajo

cesnak

el bambú

bambus

la cebolla

cibuľa

el champiñón

hríb

las avellanas

orechy

los fideos

rezance

las espagueti

špagety

el arroz

ryža

la ensalada

šalát

las patatas fritas

hranolky

las patatas fritas

pečené zemiaky

la pizza

pizza

la hamburguesa

hamburger

el sándwich

obložený chlebík

el filete

rezeň

el jamón

šunka

le salami

saláma

la salchicha

klobása

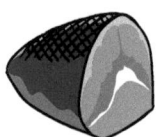

el pollo

kurča

el asado

pečené mäso

el pescado

ryba

los copos de avena

ovsené vločky

el muesli

müsli

los copos de maíz

kukuričné lupienky

la harina

múka

el cruasán

croissant

el panecillo

pečivo

el pan

chlieb

la tostada

hrianka

las galletas

sušienky

la mantequilla

maslo

la cuajada

tvaroh

el pastel

koláč

el huevo

vajce

el huevo frito

volské oko

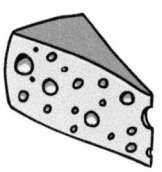

el queso

syr

el helado

zmrzlina

el azúcar

cukor

la miel

med

la mermelada

lekvár

la crema de turrón

nugátová nátierka

el curry

karí korenie

la granja
farma

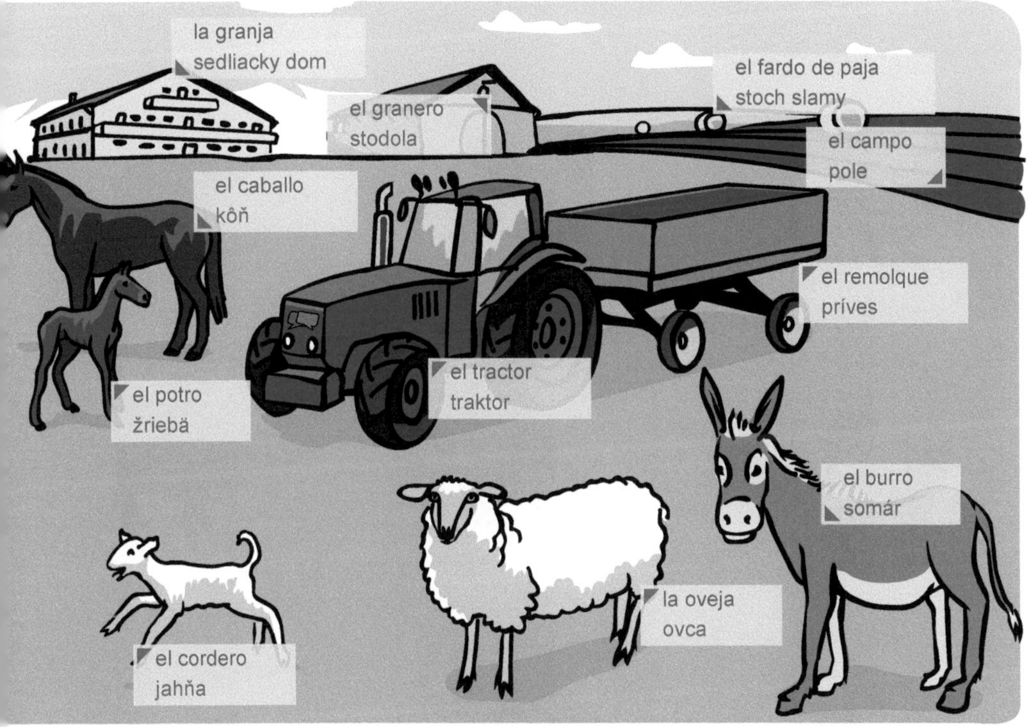
la granja
sedliacky dom
el granero
stodola
el fardo de paja
stoch slamy
el campo
pole
el caballo
kôň
el remolque
príves
el tractor
traktor
el potro
žriebä
el burro
somár
la oveja
ovca
el cordero
jahňa

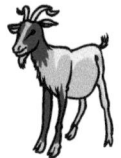

la cabra
koza

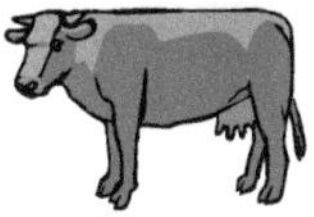

la vaca
krava

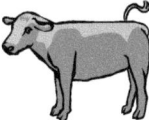

el ternero
teľa

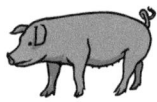

el cerdo
prasa

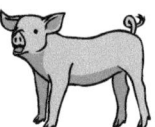

el cerdito
prasiatko

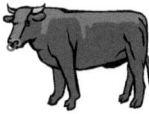

el toro
býk

el ganso

hus

el pato

kačica

el pollo

kuriatko

la gallina

sliepka

el gallo

kohút

la rata

potkan

el gato

mačka

el ratón

myš

el buey

vôl

el perro

pes

la perrera

psia búda

la manguera

záhradná hadica

la regadera

krhla

la guadaña

kosa

el arado

pluh

la hoz
kosák

la azada
motyka

la horca
vidly na hnoj

el hacha
sekera

la carretilla
fúrik

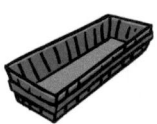

el abrevadero
koryto

la lechera
kanva na mlieko

el saco
vrece

la valla
plot

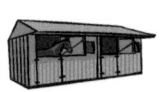

el establo
maštaľ

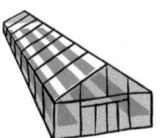

el invernadero
skleník

el suelo
pôda

la semilla
osivo

el fertilizador
hnojivo

la cosechadora
kombajn

cosechar

žať

la cosecha

žatva

el ñame

batát

el trigo

pšenica

el soja

sója

la patata

zemiak

el maíz

kukurica

la semilla de colza

repka

el árbol frutal

ovocný strom

la mandioca

maniok

las cereales

obilie

la casa
dom

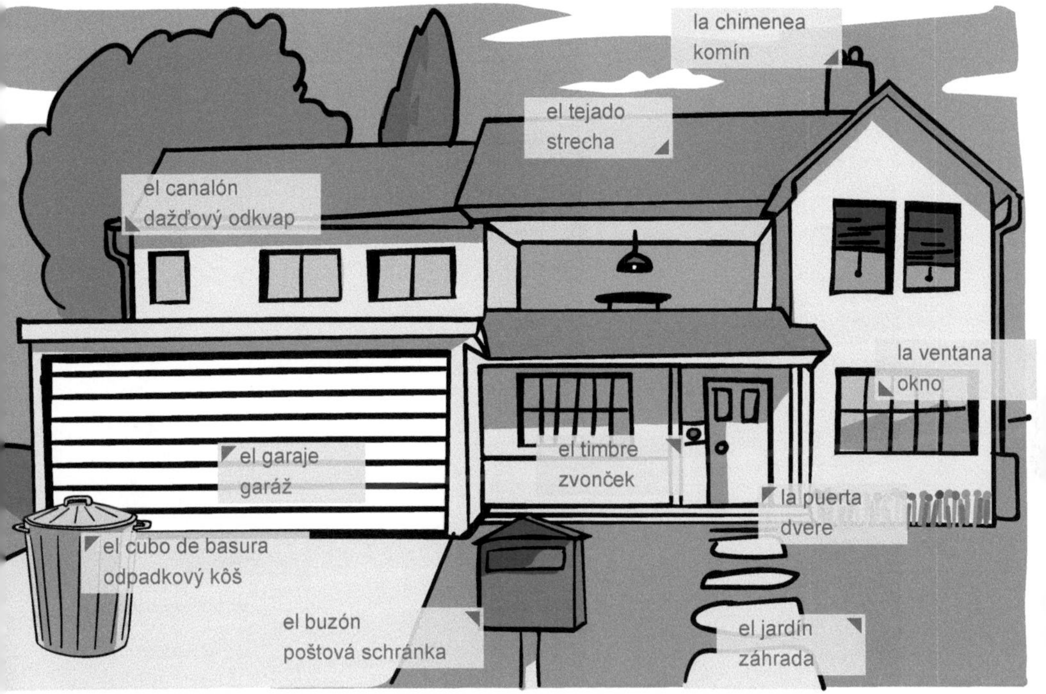

la chimenea
komín
el tejado
strecha
el canalón
dažďový odkvap
la ventana
okno
el timbre
zvonček
el garaje
garáž
la puerta
dvere
el cubo de basura
odpadkový kôš
el buzón
poštová schránka
el jardín
záhrada

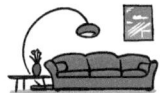

la sala

obývačka

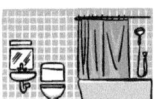

el cuarto de baño

kúpeľňa

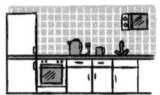

la cocina

kuchyňa

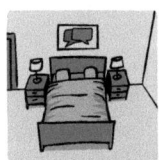

el dormitorio

spálňa

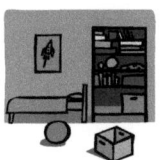

la habitación de los niños

detská izba

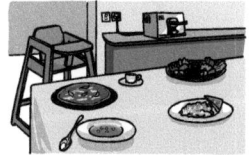

el comedor

jedáleň

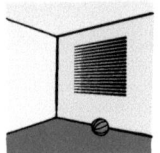

el suelo

podlaha

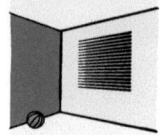

la pared

stena

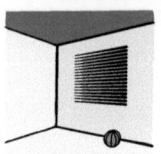

el techo

strop

el sótano

pivnica

la sauna

sauna

el balcón

balkón

la terraza

terasa

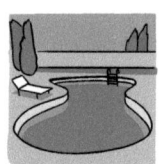

la piscina

bazén

el cortacésped

kosačka

la sábana

obliečka

la colcha

posteľná prikrývka

la cama

posteľ

la escoba

metla

el balde

vedro

el interruptor

vypínač

la sala
obývačka

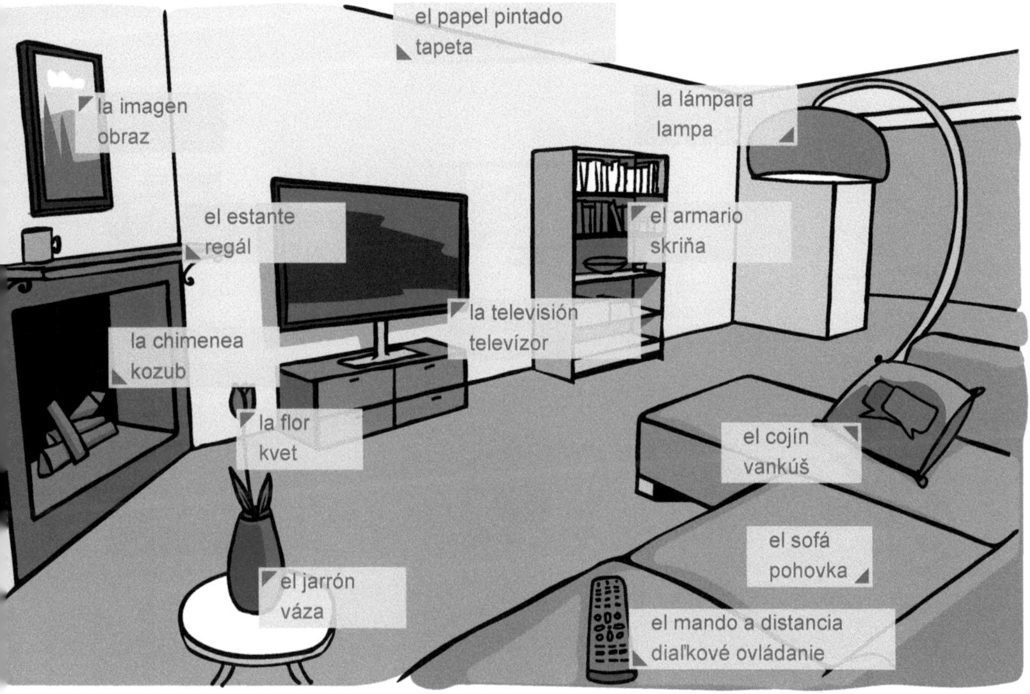
el papel pintado
tapeta
la imagen
obraz
la lámpara
lampa
el estante
regál
el armario
skriňa
la televisión
televízor
la chimenea
kozub
la flor
kvet
el cojín
vankúš
el sofá
pohovka
el jarrón
váza
el mando a distancia
diaľkové ovládanie

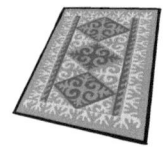

la alfombra
koberec

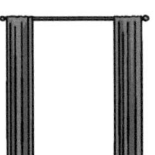

la cortina
záclona

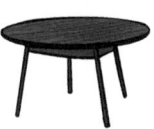

la mesa
stôl

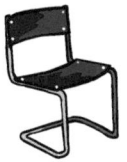

la silla
stolička

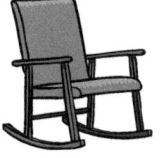

el mecedora
hojdacie kreslo

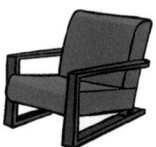

la butaca
kreslo

el libro

kniha

la manta

prikrývka

la decoración

dekorácia

la leña

drevo na kúrenie

la película

film

el equipo de música

hi-fi veža

la llave

kľúč

el periódico

noviny

la pintura

maľba

el póster

plagát

la radio

rádio

el cuaderno

zápisník

la aspiradora

vysávač

el cactus

kaktus

la vela

sviečka

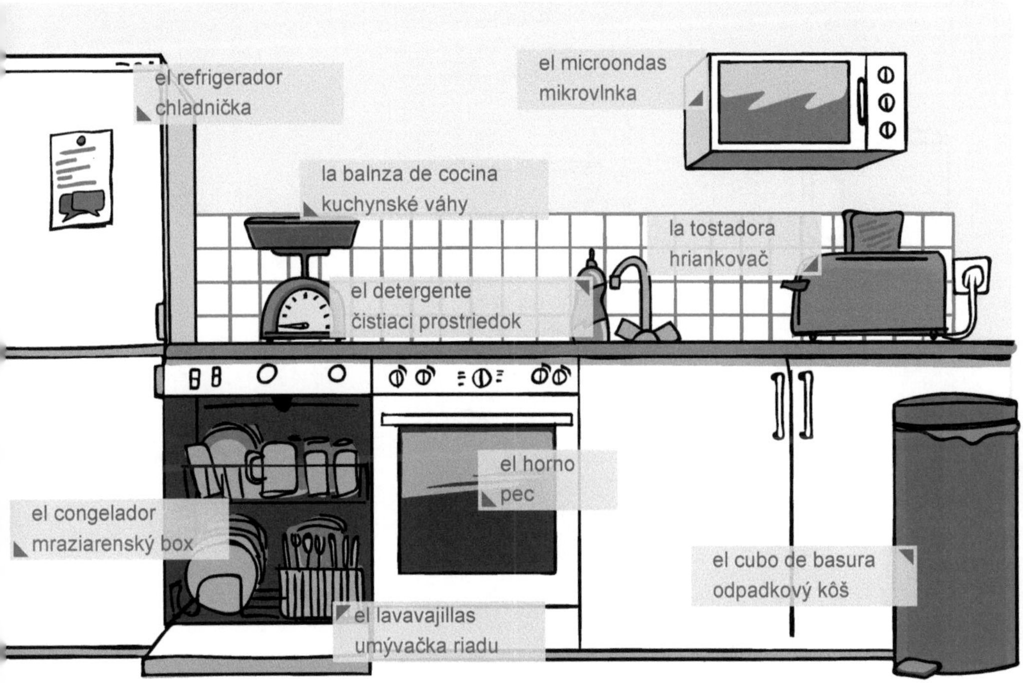

el refrigerador
chladnička

el microondas
mikrovlnka

la balnza de cocina
kuchynské váhy

la tostadora
hriankovač

el detergente
čistiaci prostriedok

el horno
pec

el congelador
mraziarenský box

el cubo de basura
odpadkový kôš

el lavavajillas
umývačka riadu

la olla a presión

sporák

la olla

hrniec

la olla de hierro fundido

železný hrniec

el wok

wok / kadai

la cazuela

panvica

el hervidor

rýchlovarná kanvica

la vaporera

parný hrniec

la chapa de horno

plech na pečenie

la vajilla

riad

la taza

pohár

el tazón

misa

los palillos

paličky

el cucharón

naberačka na polievku

la espumadera

stierka

el batidor

metlička

el colador

cedidlo

el cedazo

sitko

el rallador

strúhadlo

el mortero

mažiar

la barbacoa

gril

la hoguera

ohnisko

la cocina - kuchyňa

la tabla de picar

doska na krájanie

el rodillo

valček na cesto

el sacacorchos

vývrtka

la lata

konzerva

el abrelatas

otvárač na konzervy

el agarrador

chňapka

el lavabo

výlevka

el cepillo

kefa

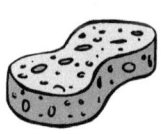

la esponja

hubka

la batidora

mixér

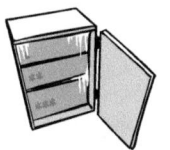

el congelador

mraznička

el biberón

kojenecká fľaša

el grifo

vodovodný kohútik

el cuarto de baño
kúpeľňa

la ducha
sprcha
la calefacción
kúrenie
la toalla
uterák
la cortina de la ducha
sprchový záves
el baño de espuma
pena do kúpeľa
la bañera
vaňa
el vaso
pohár
la lavadora
práčka
el grifo
vodovodný kohútik
las baldosas
dlaždice
el orinal
nočník
el lavabo
výlevka

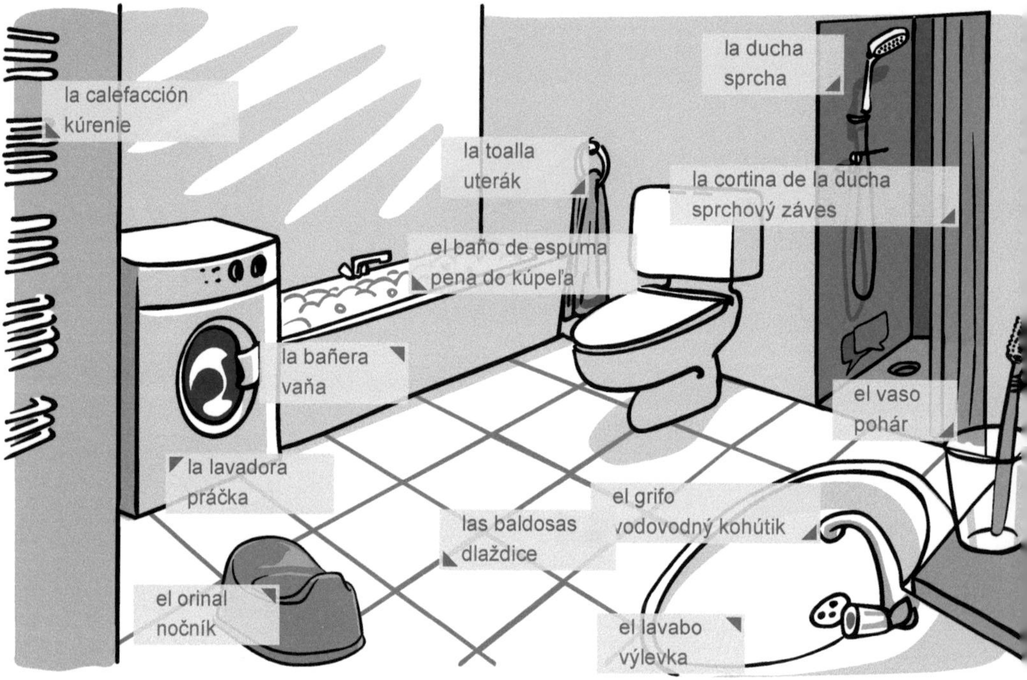

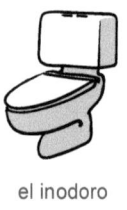

el inodoro

záchod

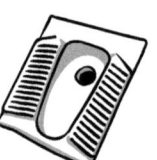

el inodoro rústico

suchý záchod

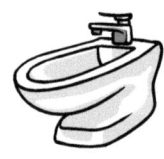

el bidé

bidet

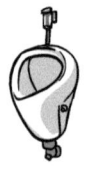

el urinario

pisoár

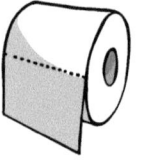

el papel higiénico

toaletný papier

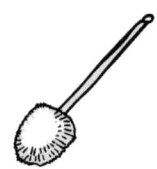

la escobilla del váter

záchodová kefa

el cepillo de dientes

zubná kefka

la pasta de dientes

zubná pasta

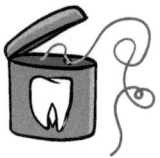

el hilo dental

dentálna niť

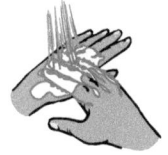

lavar

umývať

la ducha de mano

ručná sprcha

la ducha íntima

sprcha pre intímnu hygienu

la pila

umývadlo

el cepillo de espalda

kefa na chrbát

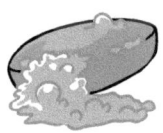

el jabón

mydlo

el gel de ducha

sprchový gél

el champú

šampón

la toallita

frotírová rukavica

el desagüe

odtok

la crema

krém

el desodorante

dezodorant

el espejo

zrkadlo

el espejo de tocador

kozmetické zrkadlo

la maquinilla de afeitar

žiletka

la espuma de afeitar

pena na holenie

la loción postafeitado

voda po holení

el peine

hrebeň

el cepillo

kefa

el secador

sušič vlasov

la laca

sprej na vlasy

el maquillaje

make-up

el pintalabios

rúž

el pintauñas

lak na nechty

el algodón

vata

el cortauñas

nožnice na nechty

el perfume

parfum

el estuche de viaje

kozmetická taška

la banqueta

stolček

la balanza

váha

el albornoz

kúpací plášť

los guantes de goma

gumové rukavice

el tampón

tampón

la compresa

menštruačná vložka

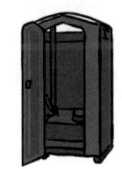

el inodoro químico

chemické WC

la habitación de los niños
detská izba

el despertador
budík
el peluche
plyšová hračka
el coche de juguete
hračkárske auto
el sonajero
hrkálka
la casa de muñecas
domček pre bábiky
el regalo
dar

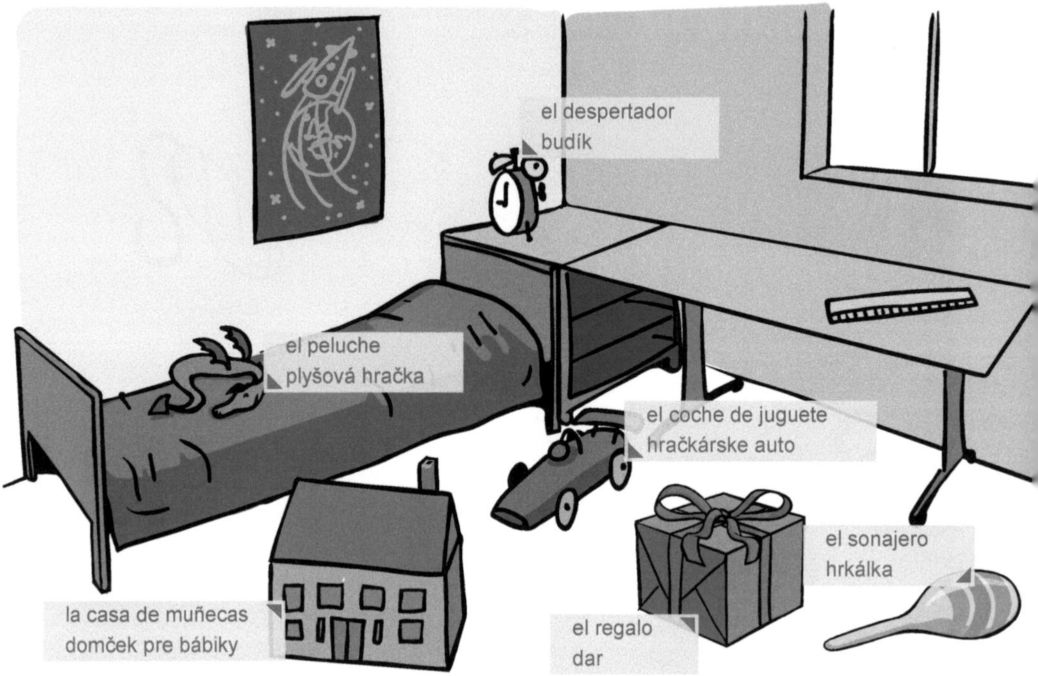

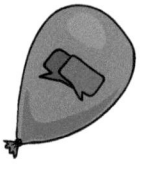

el globo

balón

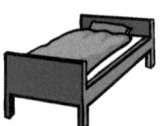

la cama

posteľ

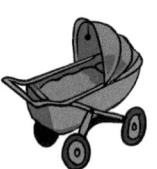

el coche de niño

detský kočík

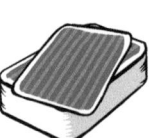

los naipes

karty

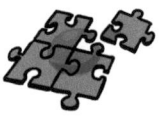

el puzle

puzzle

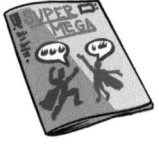

el tebeo

komix

las piezas de lego

skladačka lego

los bloques de juguete

stavebnica

la figura de acción

akčná postavička

el bodi (de bebé)

dupačky

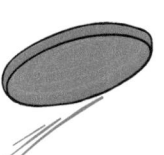

el frisbee

lietajúci tanier

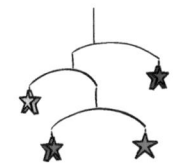

el colgador móvil para bebés

závesné hračky

el juego de mesa

stolová hra

los dados

kocka

el circuito de tren eléctrico

modelový vláčik

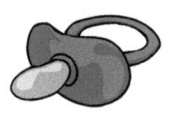

el maniquí

cumlík

la fiesta

párty

el álbum de fotos

obrázková kniha

la pelota

lopta

la muñeca

bábika

jugar

hrať sa

el cajón de arena

pieskovisko

el columpio

hojdačka

los juguetes

hračky

la videoconsola

hracia konzola

el triciclo

trojkolka

el oso de peluche

medvedík

la guardarropa

šatník

la ropa

šatstvo

los calcetines

ponožky

las medias

pančuchy

los leotardos

pančuchové nohavičky

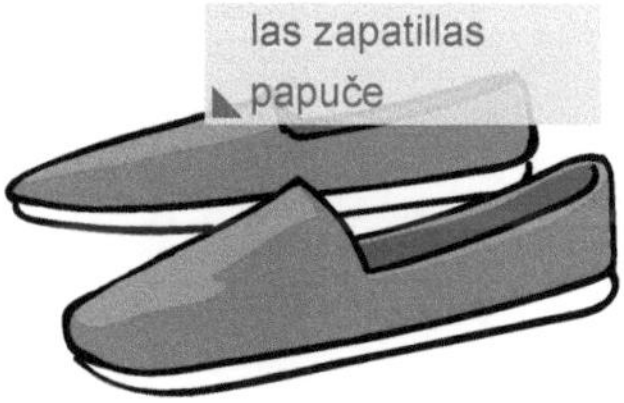

la bufanda
šál

el paraguas
dáždnik

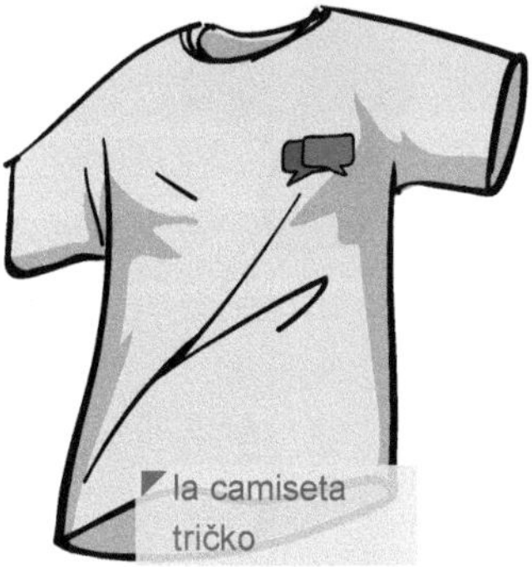

la camiseta
tričko

el cinturón
opasok

las botas
čižmy

las zapatillas
papuče

las deportivas
tenisky

las sandalias
sandále

los zapatos
topánky

las botas de goma
gumáky

el slip
spodky

el sostén
podprsenka

el chaleco
tielko

la ropa - šatstvo

45

el bodi

body

los pantalones cortos

nohavice

los vaqueros

džínsy

la falda

sukňa

la blusa

blúzka

la camisa

košeľa

el jersey

pulóver

el suéter

sveter

el blazer

blejzer

la chaqueta

bunda

el abrigo

kabát

la gabardina

pršiplášť

el traje

kostým

el vestido

šaty

el vestido de novia

svadobné šaty

el traje

oblek

el camisón

nočná košeľa

el pijama

pyžamo

el sati

sari

el bandana

šatka na hlavu

el turbante

turban

la burka

burka

el caftán

kaftan

la abaya

abaja

el traje de baño

dvojdielne plavky

el bañador

plavky

los pantalones cortos

šortky

el chándal

tepláková súprava

el delantal

zástera

los guantes

rukavice

la ropa - šatstvo

el botón

gombík

las gafas

okuliare

el brazalete

náramok

el collar

retiazka

el anillo

prsteň

el pendiente

náušnica

la gorra

čiapka

la percha

vešiak

el sombrero

klobúk

la corbata

kravata

la cremallera

zips

el casco

prilba

los tirantes

traky

el uniforme

školská uniforma

el uniforme

uniforma

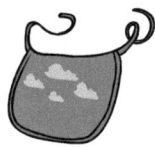

el babero

podbradník

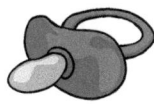

el maniquí

cumlík

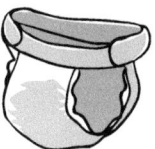

el pañal

plienka

la oficina
kancelária

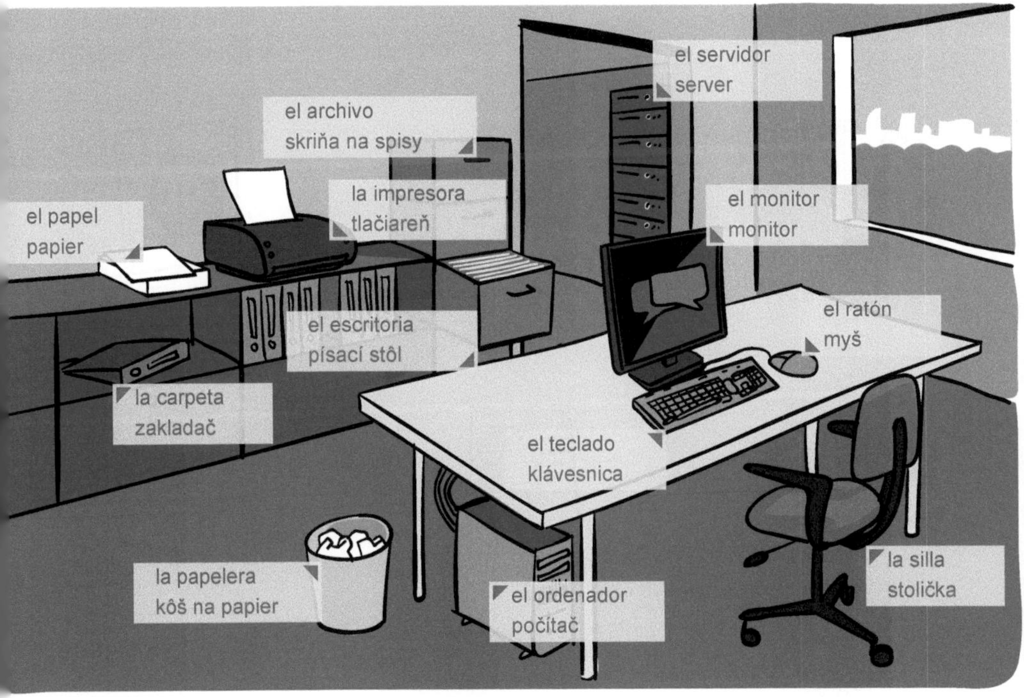
el servidor
server
el archivo
skriňa na spisy
la impresora
tlačiareň
el papel
papier
el monitor
monitor
el ratón
myš
el escritoria
písací stôl
la carpeta
zakladač
el teclado
klávesnica
la papelera
kôš na papier
el ordenador
počítač
la silla
stolička

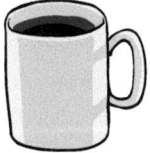

la taza de café

hrnček na kávu

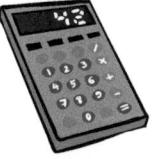

la calculadora

kalkulačka

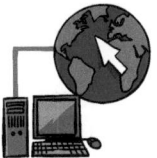

el internet

internet

el portátil

laptop

la carta

list

el mensaje

správa

el móvil

mobil

la red

sieť

la fotocopiadora

kopírka

el software

softvér

el teléfono

telefón

la toma de corriente

elektrická zásuvka

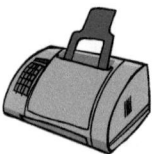

el fax

fax

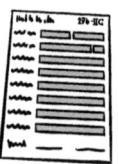

el formulario

formulár

el documento

doklad

comprar

kúpiť

pagar

platiť

comerciar

obchodovať

el dinero

peniaze

el dólar

dolár

el euro

euro

el yen

jen

el rublo

rubeľ

el franco suizo

švajčiarsky frank

el renminbi yuan

čínsky jüan

la rupia

rupia

el cajero automático

bankomat

la oficina de cambio de divisas
zmenáreň

el oro
zlato

la plata
striebro

el petróleo
ropa

la energía
energia

el precio
cena

el contrato
zmluva

el impuesto
daň

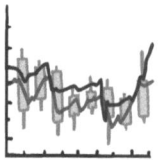

la acción
akcia

trabajar
pracovať

el empleador
zamestnanec

el empleador
zamestnávateľ

la fábrica
továreň

la tienda de campaña
obchod

el agente de policía
policajt

el bombero
hasič

el cocinero
kuchár

el médico
lekár

el piloto
pilót

el jardinero

záhradník

el carpintero

stolár

la costurera

krajčírka

el juez

sudca

el farmacéutico

chemik

el actor

herec

el conductor de autobús

vodič autobusu

el taxista

taxikár

el pescador

rybár

la señora de la limpieza

upratovačka

el techador

pokrývač

el camarero

čašník

el cazador

poľovník

el pintor

maliar

el panadero

pekár

el electricista

elektrikár

el obrero

stavebný robotník

el ingeniero

inžinier

el carnicero

mäsiar

el fontanero

klampiar

el cartero

poštár

el soldado
vojak

el arquitecto
architekt

el cajero
pokladník

el florista
kvetinár

el peluquero
kaderník

el revisor
sprievodca

el mecánico
mechanik

el capitán
kapitán

el dentista
zubár

el científico
vedec

el rabino
rabín

el imán
imám

el monje
mních

el sacerdote
farár

las herramientas
náradie

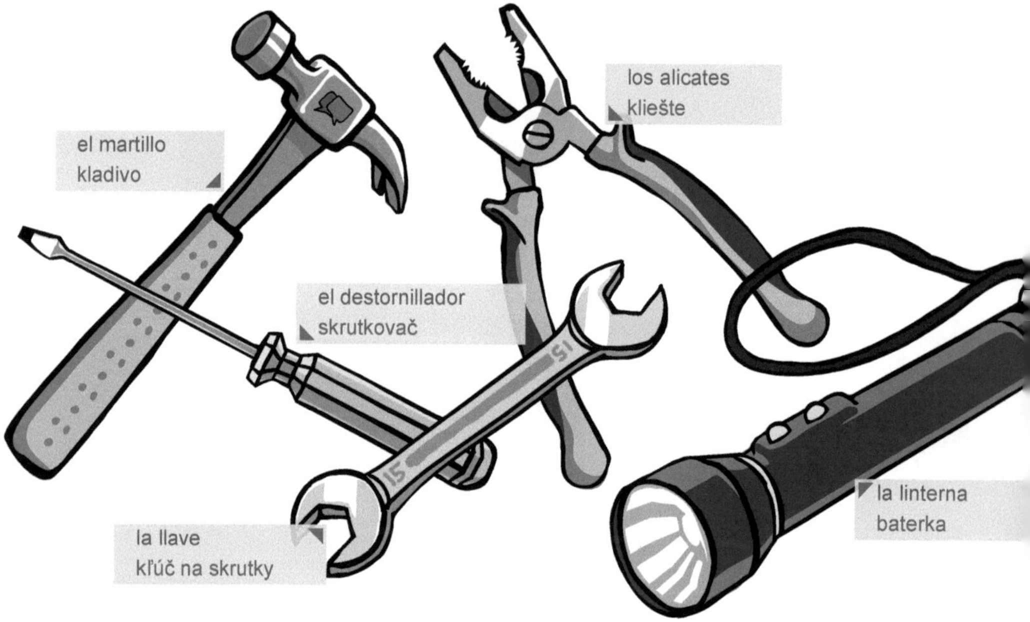

el martillo
kladivo
los alicates
kliešte
el destornillador
skrutkovač
la llave
kľúč na skrutky
la linterna
baterka

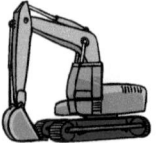

la excavadora

bager

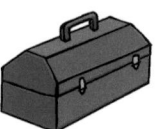

la caja de herramientas

súprava náradia

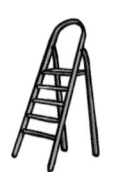

la escalera de mano

rebrík

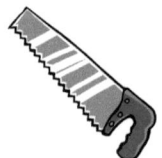

la sierra

pílka

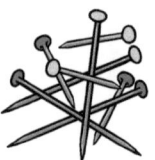

los clavos

klince

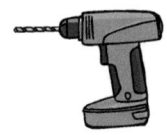

el taladro

vrták

reparar
opraviť

la pala
lopata

¡Maldita sea!
Do čerta!

el recogedor
lopatka na smeti

el bote de pintura
nádoba s farbou

los tornillos
skrutky

los instrumentos musicales
hudobné nástroje

la batería
bicie

el altavoz
reproduktor

la guitarra
gitara

el contrabajo
kontrabas

la trompeta
trúbka

el piano

klavír

el violín

husle

bajo

basa

los timbales

tympany

el tambor

bubon

el teclado

klávesnica

el saxofón

saxofón

la flauta

flauta

el micrófono

mikrofón

el zoo

ZOO

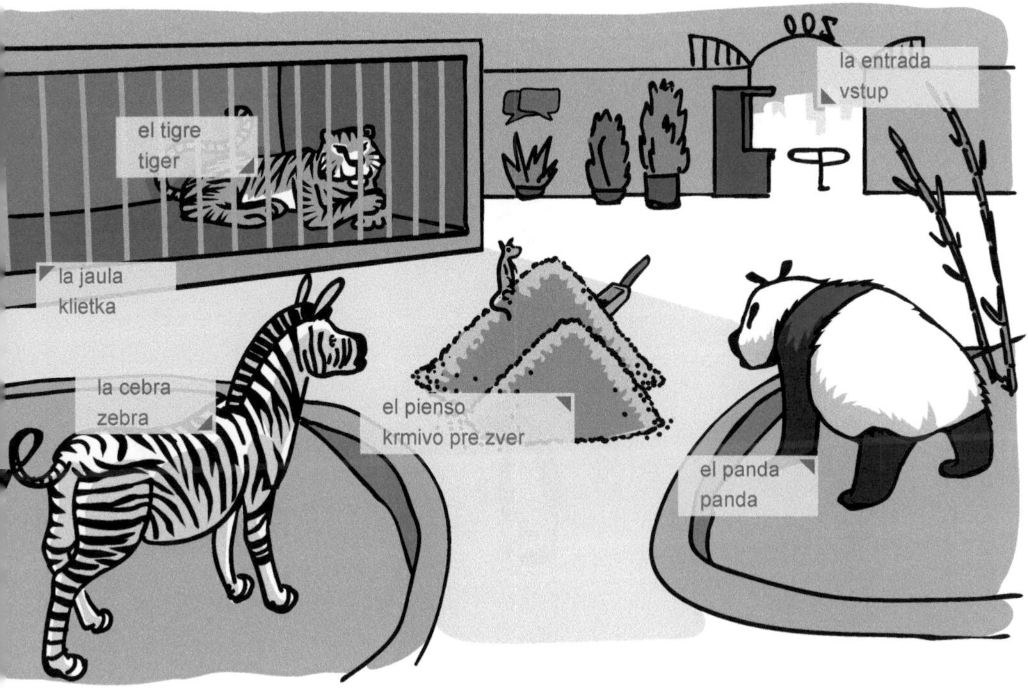

la entrada
vstup
el tigre
tiger
la jaula
klietka
la cebra
zebra
el pienso
krmivo pre zver
el panda
panda

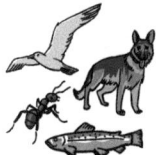

los animales

zvieratá

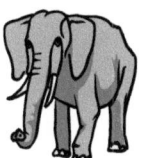

el elefante

slon

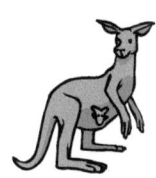

el canguro

klokan

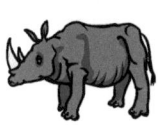

el rinoceronte

nosorožec

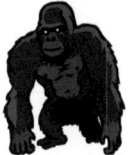

el gorila

gorila

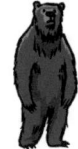

el oso

medveď

el camello

ťava

el avestruz

pštros

el león

lev

el mono

opica

el flamingo

plameniak

el loro

papagáj

el oso polar

ľadový medveď

el pingüino

tučniak

el tiburón

žralok

el pavo real

páv

la serpiente

had

el cocodrilo

krokodíl

el guardián de zoológico

ošetrovateľ v ZOO

la foca

tuleň

el jaguar

jaguár

el poni
poník

el leopardo
leopard

el hipopótamo
hroch

la jirafa
žirafa

el águila
orol

el jabalí
diviak

el pescado
ryba

la tortuga
korytnačka

la morsa
mrož

el zorro
líška

la gacela
gazela

el fútbol americano
americký futbal

el ciclismo
cyklistika

el tenis
tenis

el baloncesto
basketbal

la natación
plávanie

el hockey sobre hielo
hokej

el boxeo
box

el fútbol

futbal

el bádminton

bedminton

el atletismo

ľahká atletika

el balonmano

hádzaná

el esquí

lyžovanie

el polo

pólo

las actividades
aktivity

reír
smiať sa
saltar
skočiť
abrazar
objať
caminar
chodiť
cantar
spievať
soñar
snívať
rezar
modliť sa
besar
pobozkať

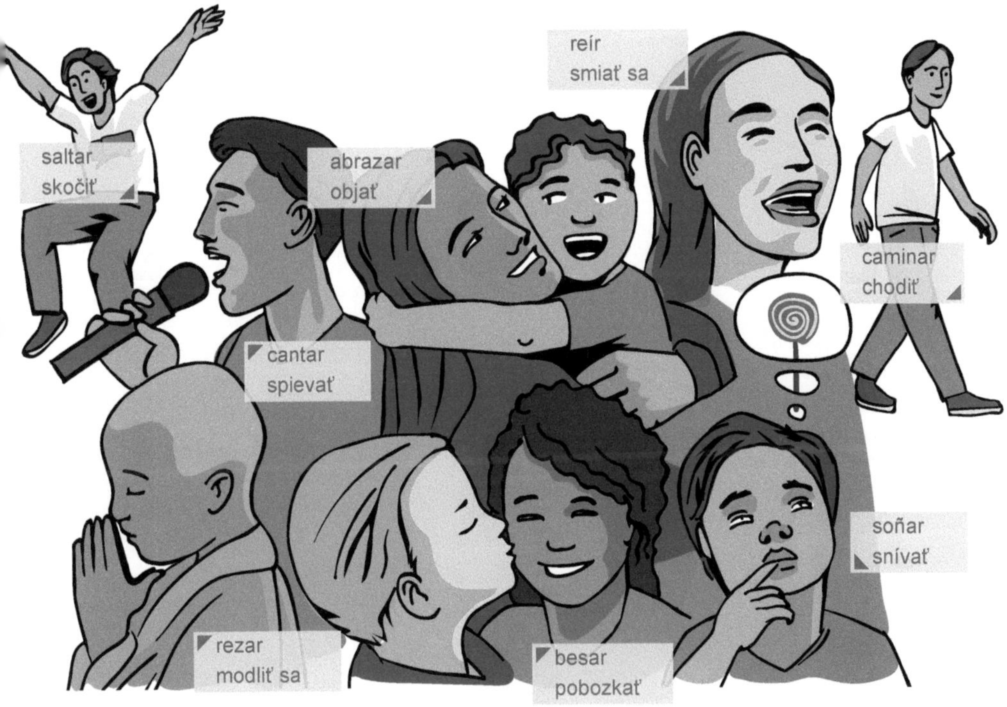

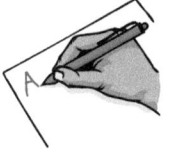

escribir

písať

dibujar

kresliť

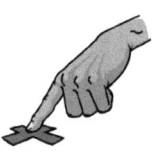

mostrar

ukázať

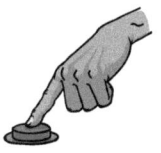

empujar

tlačiť

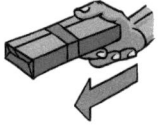

dar

dať

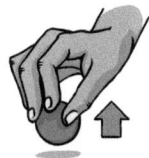

tomar

brať

tener
....
mať

hacer
....
robiť

ser
....
byť

estar de pie
....
stáť

correr
....
bežať

tirar
....
ťahať

tirar
....
hádzať

caer
....
padnúť

yacer
....
ležať

esperar
....
čakať

llevar
....
nosiť

estar sentado
....
sedieť

vestirse
....
obliecť sa

dormir
....
spať

despertar
....
zobudiť sa

mirar

pozerať

llorar

plakať

acariciar

hladkať

peinar

česať

hablar

hovoriť

entender

rozumieť

preguntar

pýtať sa

escuchar

počuť

beber

piť

comer

jesť

ordenar

upratať

amar

milovať

cocinar

variť

conducir

jazdiť

volar

letieť

navegar

plachtiť

calcular

počítať

leer

čítať

aprender

učiť sa

trabajar

pracovať

casarse

oženiť

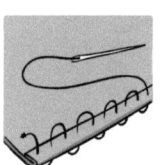

coser

šiť

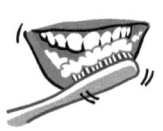

cepillarse los dientes

čistiť zuby

matar

zabiť

fumar

fajčiť

enviar

poslať

la familia
rodina

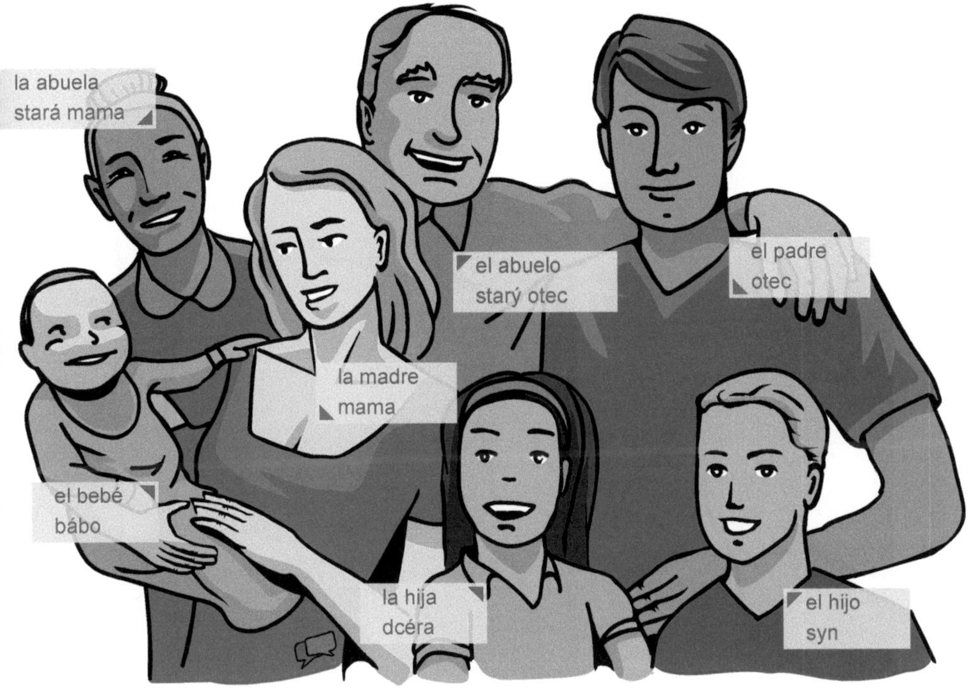

la abuela
stará mama
el abuelo
starý otec
el padre
otec
la madre
mama
el bebé
bábo
la hija
dcéra
el hijo
syn

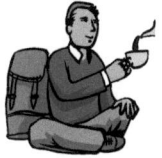

el invitado

hosť

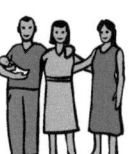

la tía

teta

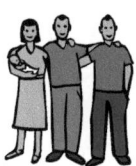

el tío

strýko

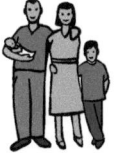

el hermano

brat

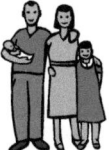

la hermana

sestra

el cuerpo
telo

la frente
čelo
el ojo
oko
el hombro
plece
el dedo
prst
la cara
tvár
la barbilla
brada
la mano
ruka
la pierna
noha
el pecho
hruď
el brazo
rameno

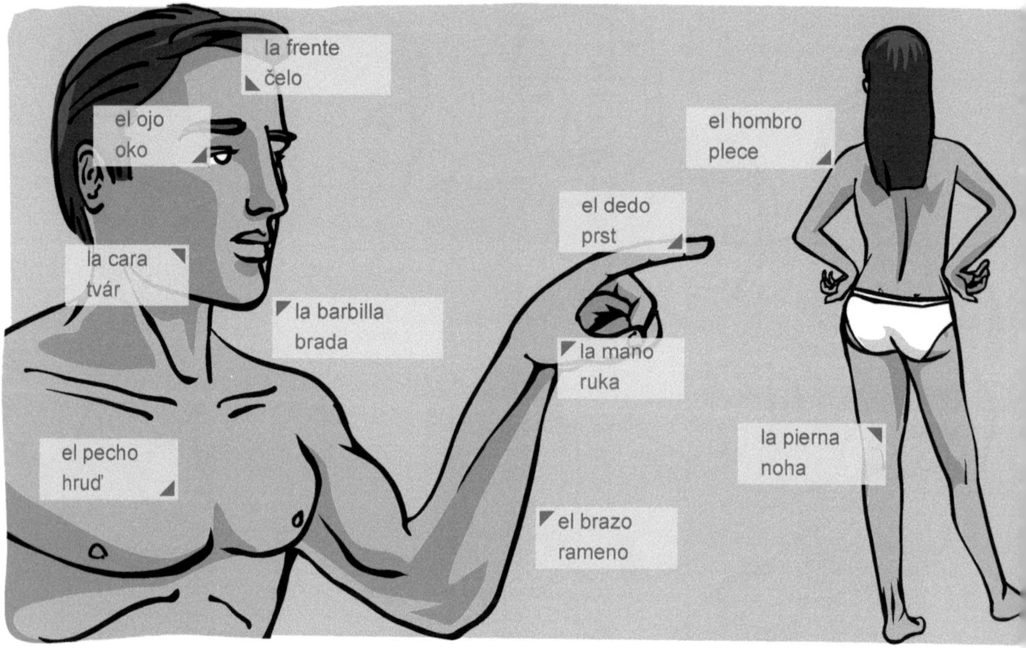

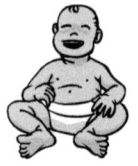

el bebé
bábo

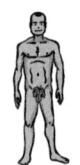

el hombre
muž

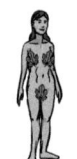

la mujer
žena

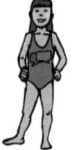

la chica
dievča

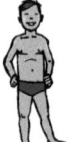

el chico
chlapec

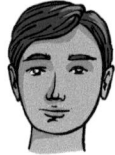

la cabeza
hlava

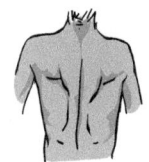

la espalda
chrbát

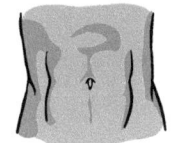

el vientre
brucho

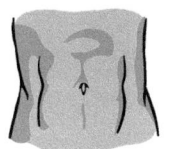

el ombligo
pupok

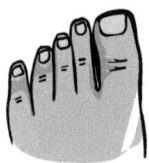

el dedo del pie
prst na nohe

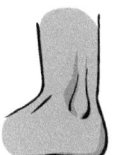

el talón
päta

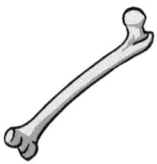

el hueso
kosť

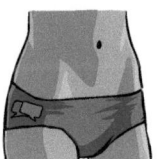

la cadera
bok

la rodilla
koleno

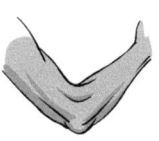

el codo
lakeť

la nariz
nos

el trasero
zadok

la piel
koža

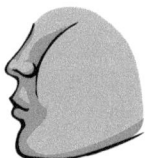

la mejilla
líce

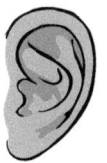

el oído
ucho

el labio
pery

la boca

ústa

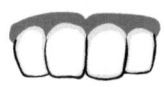

el diente

zub

la lengua

jazyk

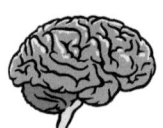

el cerebro

mozog

el corazón

srdce

el músculo

svaly

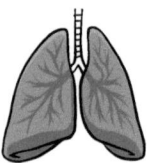

el pulmón

pľúca

el hígado

pečeň

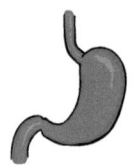

el estómago

žalúdok

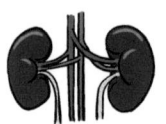

los riñones

obličky

el sexo

pohlavný styk

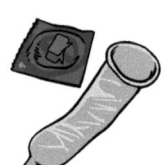

el condón

kondóm

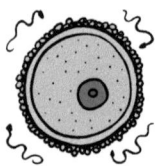

el ovario

vaječná bunka

el semen

semeno

el embarazo

tehotenstvo

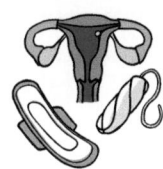

la menstruación
menštruácia

la vagina
vagína

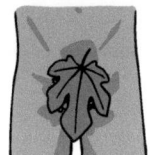

el pene
penis

la ceja
obočie

el pelo
vlasy

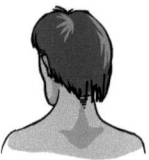

el cuello
krk

el hospital

nemocnica

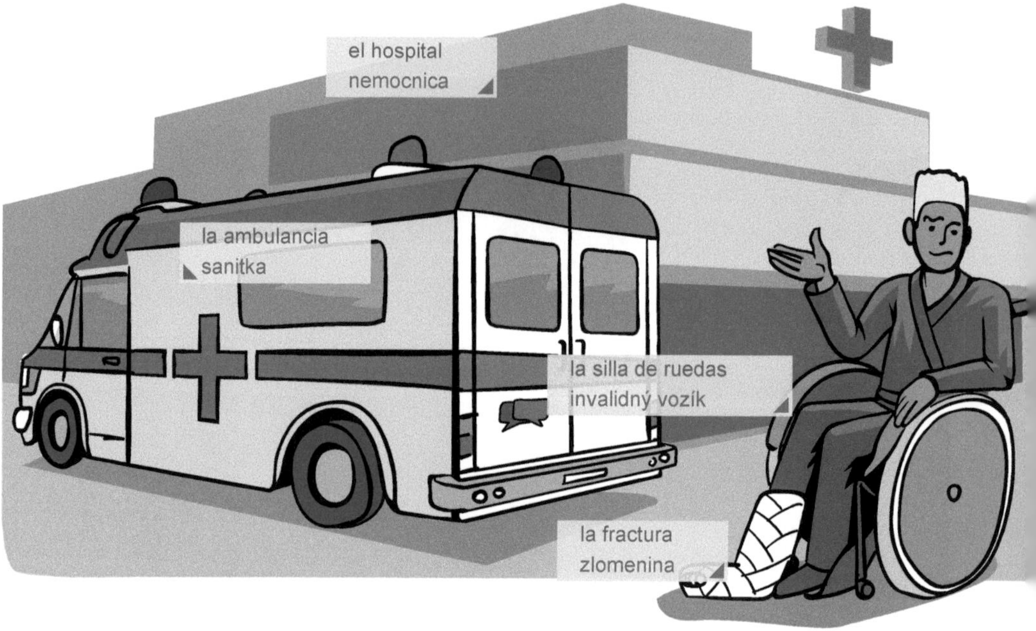

el hospital
nemocnica
la ambulancia
sanitka
la silla de ruedas
invalidný vozík
la fractura
zlomenina

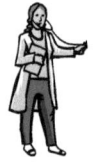

el médico

lekár

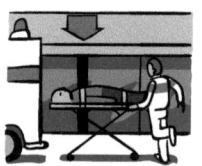

la sala de urgencias

urgentný príjem

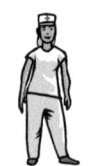

la enfermera

sestrička

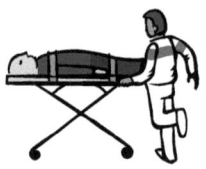

la urgencia

urgentný prípad

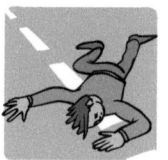

inconsciente

v bezvedomí

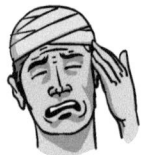

el dolor

bolesť

la lesión

zranenie

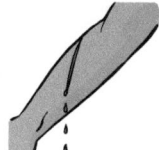

la hemorragia

krvácanie

el infarto

srdcový infarkt

el ictus

mozgová porážka

la alergia

alergia

la tos

kašeľ

la fiebre

teplota

la gripe

chrípka

la diarrea

hnačka

el dolor de cabeza

bolesť hlavy

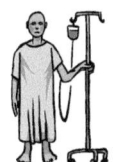

el cáncer

rakovina

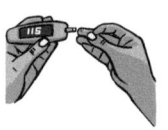

la diabetes

cukrovka

el cirujano

chirurg

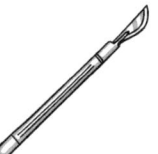

el bisturí

skalpel

la operación

operácia

TAC

CT

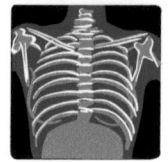

los rayos x

RTG

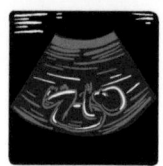

el ultrasonido

ultrazvuk

la mascarilla

maska

la enfermedad

choroba

la sala de espera

čakáreň

la muleta

barla

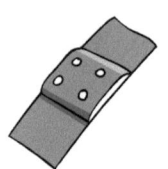

la tirita

náplasť

la venda

obväz

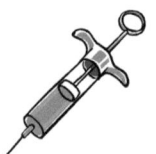

la inyección

injekcia

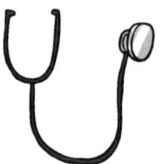

el estetoscopio

fonendoskop

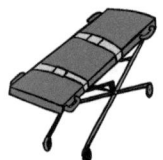

la camilla

nosidlá

el termómetro

teplomer

el nacimiento

pôrod

el sobrepeso

nadváha

el hospital - nemocnica

el audífono

audiofón

el desinfectante

dezinfekčný prostriedok

la infección

infekcia

el virus

vírus

VIH / SIDA

HIV / AIDS

la medicina

medicína

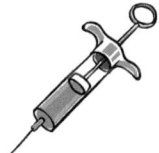

la vacunación

očkovanie

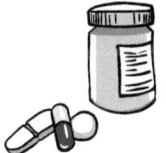

las tabletas

tabletky

la pastilla

antikoncepčná pilulka

la llamada de urgencia

tiesňové volanie

el tensiómetro

tlakomer

enfermo / sano

chorý / zdravý

¡Socorro!

Pomoc!

la alarma

alarm

el asalto

prepad

el ataque

útok

el peligro

nebezpečenstvo

la salida de emergencia

núdzový východ

¡Fuego!

Horí!

el extintor de incendios

hasičský prístroj

el accidente

nehoda

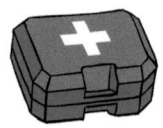

el botiquín de primeros
auxilios

kufrík prvej pomoci

SOS

SOS

la policía

polícia

Europa

Európa

Norteamérica

Severná Amerika

Sudamérica

Južná Amerika

África

Afrika

Asia

Ázia

Australia

Austrália

el atlántico

Atlantický oceán

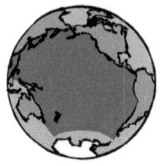

el Pacífico

Tichý oceán

el Océano Índico

Indický oceán

el Océano Antártico

Južný oceán

el Océano Ártico

Severný ľadový oceán

el polo norte

Severný pól

el polo sur

Južný pól

La Antártida

Antarktída

la tierra

Zem

la tierra

krajina

el mar

more

la isla

ostrov

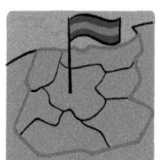

la nación

národ

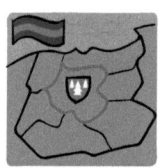

el estado

štát

la esfera

ciferník

la manecilla de las horas

hodinová ručička

el minutero

minútová ručička

el segundero

sekundová ručička

¿Qué hora es?

Koľko je hodín?

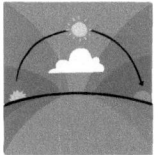

el día

deň

el tiempo

čas

ahora

teraz

el reloj digital

digitálne hodiny

el minuto

minúta

la hora

hodina

la semana

týždeň

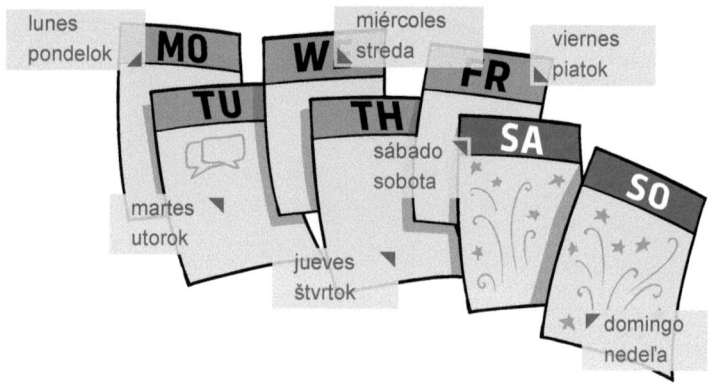

lunes
pondelok

miércoles
streda

viernes
piatok

martes
utorok

sábado
sobota

jueves
štvrtok

domingo
nedeľa

ayer

včera

hoy

dnes

mañana

zajtra

la mañana

ráno

el mediodía

poludnie

la tarde

večer

MO	TU	WE	TH	FR	SA	SU
1	2	3	4	5	6	7
8	9	10	11	12	13	14
15	16	17	18	19	20	21
22	23	24	25	26	27	28
29	30	31	1	2	3	4

los días laborables

pracovné dni

MO	TU	WE	TH	FR	SA	SU
1	2	3	4	5	6	7
8	9	10	11	12	13	14
15	16	17	18	19	20	21
22	23	24	25	26	27	28
29	30	31	1	2	3	4

el fin de semana

víkend

el año
rok

la lluvia
dážď
el arcoíris
dúha
la nieve
sneh
el viento
vietor
la primavera
jar
el otoño
jeseň
el verano
leto
el invierno
zima

4.APRIL 11°
5.APRIL 4°
6.APRIL 13°
7.APRIL 8°
8.APRIL 10°

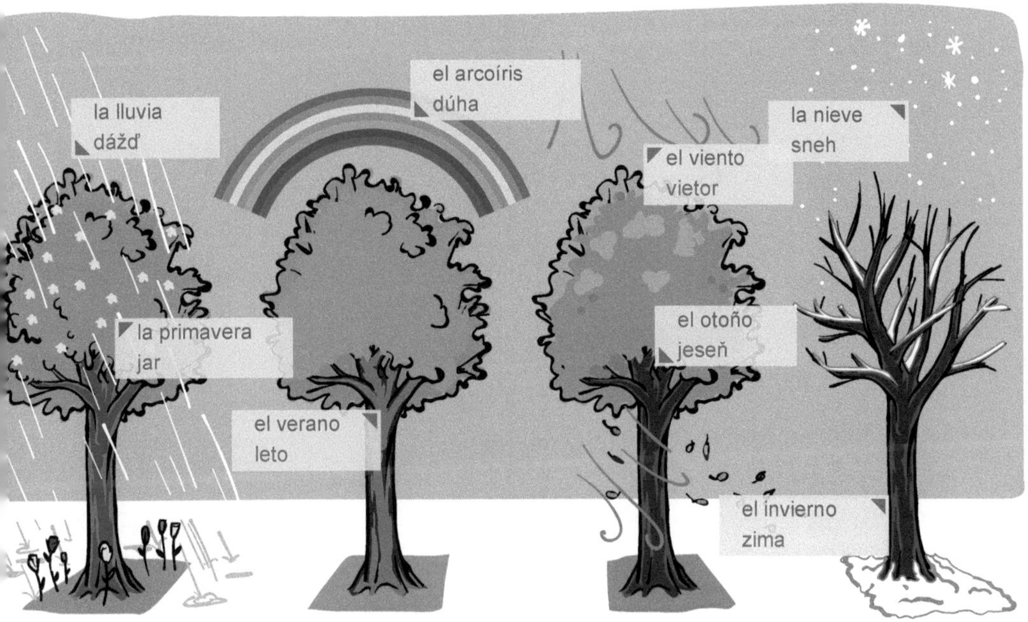

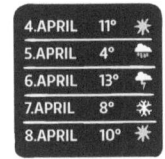

el pronóstico del tiempo

predpoveď počasia

F
C
120
90
60
30
0
-30
40
30
20
10
0
-10
-20

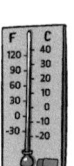

el termómetro

teplomer

el sol

slnečný svit

la nube

oblak

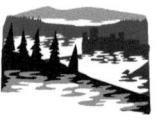

la niebla

hmla

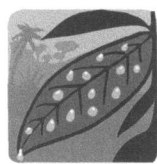

la humedad

vlhkosť vzduchu

el rayo

blesk

el trueno

hrom

la tormenta

búrka

el granizo

krúpy

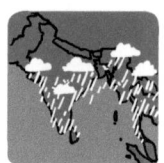

el monzón

monzún

la inundación

záplava

el hielo

ľad

enero

január

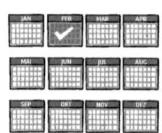

febrero

február

marzo

marec

abril

apríl

mayo

máj

junio

jún

julio

júl

agosto

august

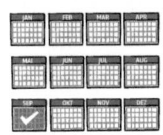

septiembre
....
september

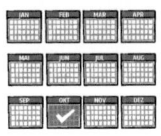

octubre
....
október

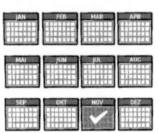

noviembre
....
november

diciembre
....
december

las formas
tvary

el círculo
....
kruh

el cuadrado
....
štvorec

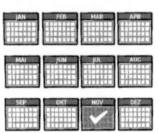

el rectángulo
....
obdĺžnik

el triángulo
....
trojuholník

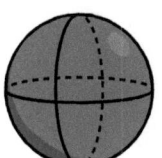

la esfera
....
guľa

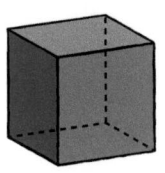

el cubo
....
kocka

colores
farby

blanco
biela

amarillo
žltá

anaranjado
oranžová

rosa
ružová

rojo
červená

morado
fialová

azul
modrá

verde
zelená

marrón
hnedá

gris
šedá

negro
čierna

mucho / poco

veľa / málo

enojado / tranquilo

zúrivý / pokojný

bonito / feo

pekný / škaredý

principio / fin

začiatok / koniec

grande / pequeño

veľký / malý

claro / oscuro

svetlý / tmavý

el hermano / la hermana

brat / sestra

limpio / sucio

čistý / špinavý

completo / incompleto

úplný / neúplný

el día / la noche

deň / noc

muerto / vivo

mŕtvy / živý

ancho / estrecho

široký / úzky

comestible / no comestible

chutný / nechutný

malo / amable

zlostný / láskavý

entusiasmado / aburrido

vzrušený / unudený

gordo / delgado

tlstý / chudý

primero / último

prvý / posledný

el amigo / el enemigo

priateľ / nepriateľ

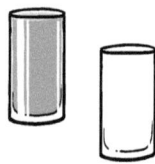

lleno / vacío

plný / prázdny

duro / blando

tvrdý / mäkký

pesado / ligero

ťažký / ľahký

el hambre / la sed

hlad / smäd

enfermo / sano

chorý / zdravý

ilegal / legal

nelegálny / legálny

inteligente / tonto

inteligentný / hlúpy

izquierda / derecha

vľavo / vpravo

cerca / lejos

blízko / ďaleko

nuevo / usado	nada / algo	viejo / joven
nový / použitý	nič / niečo	starý / mladý

encendido / apagado	abierto / cerrado	silencioso / ruidoso
zapnuté / vypnuté	otvorené / zatvorené	tichý / hlasný

rico / pobre	correcto / incorrecto	áspero / suave
bohatý / chudobný	správne / nesprávne	drsný / hladký

triste / contento	corto / largo	lento / rápido
smutný / šťastný	krátky / dlhý	pomaly / rýchlo

húmedo / seco	cálido / frío	guerra / paz
mokrý / suchý	teplý / studený	vojna / mier

0

cero

nula

1

uno

jeden

2

dos

dva

3

tres

tri

4

cuatro

štyri

5

cinco

päť

6

seis

šesť

7

siete

sedem

8

ocho

osem

9

nueve

deväť

10

diez

desať

11

once

jedenásť

12	**13**	**14**
doce	trece	catorce
dvanásť	trinásť	štrnásť

15	**16**	**17**
quince	dieciséis	diecisiete
pätnásť	šestnásť	sedemnásť

18	**19**	**20**
dieciocho	diecinueve	veinte
osemnásť	devätnásť	dvadsať

100	**1.000**	**1.000.000**
cien	mil	el millón
sto	tisíc	milión

el inglés

angličtina

el inglés americano

americká angličtina

el chino madarín

mandarínska čínština

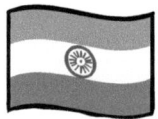

el hindi

hindčina

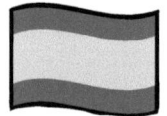

el español

španielčina

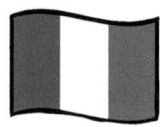

el francés

francúzština

el árabe

arabčina

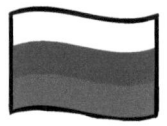

el ruso

ruština

el portugués

portugalčina

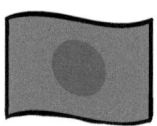

el bengalí

bengálčina

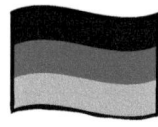

el alemán

nemčina

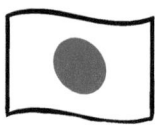

el japonés

japončina

yo

ja

tú

ty

él / ella / ello

on/ona/ono

nosotros/as

my

vosotros/as

vy

ellos/as

oni

¿quién?

kto?

¿qué?

čo?

¿cómo?

ako?

¿dónde?

kde?

¿cuándo?

kedy?

el nombre

meno

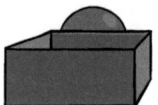

detrás

za

en

v

delante de

pred

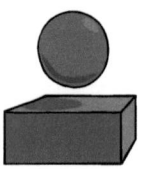

por encima de

nad

sobre

na

debajo de

pod

junto a

vedľa

entre

medzi

el lugar

miesto